Bolsos

Megan Hess

Bolsos

Traducción de Gemma Salvà

LUNWERG
EDITORES

Nuestros bolsos favoritos esconden historias en los pliegues de su piel.

Los bolsos —desde los resistentes *totes*, en los que podemos llevar lo inimaginable, hasta los diminutos y glamurosos bolsos de mano que realzan cualquier *outfit*— son mucho más que simples objetos funcionales. Tanto si se desea un *clutch* nuevo cada temporada como si se codicia un Hermès *vintage* que dure toda la vida, la elección de un bolso es algo muy personal. Los bolsos que llevamos son un reflejo de quiénes somos y de aquello que valoramos.

Chloé

Los bolsos más exquisitos se convierten en inversiones, en recuerdos que pasan de una generación a otra y en símbolos de una época. Algunos de los bolsos de este libro se diseñaron hace casi un siglo y, sin embargo, se siguen codiciando y utilizando hoy en día. Otros, en cambio, evocan un momento y un lugar, un espíritu cultural que, con nostalgia, es capaz de llevarnos de viaje por décadas pasadas. Los estilos y tamaños pueden variar con el tiempo, pero un bolso de lujo nunca pasa de moda.

Valentino

Fendi

El modo en el que una mujer utiliza su bolso dice mucho sobre ella. Jane Birkin nunca combinaba varios de sus bolsos homónimos durante una misma temporada, sino que llevaba uno a todas partes hasta que estaba realmente gastado. Jackie Onassis usaba su *saddle* de Gucci como escudo contra los *paparazzi*. En la película original de *Sexo en Nueva York*, Carrie Bradshaw transmitía innegables vibraciones parisinas con su bolso de la Torre Eiffel cubierto de cristales de Swarovski, mientras que Margaret Thatcher incluso transformó el suyo en un arma política.

Muchos de los grandes maestros del diseño se iniciaron en el mundo de la moda a través de los bolsos. Los baúles de Louis Vuitton reinventaron los viajes de lujo y le llevaron de fabricar cajas a convertirse en un diseñador extraordinario. Guccio Gucci se inspiró en el equipaje de sus acaudalados clientes cuando de joven trabajaba como botones en el Savoy Hotel de Londres; luego regresó a su Florencia natal y abrió una marroquinería que se convertiría en un imperio de la moda. Chanel fue quien introdujo el bolso bandolera para que las mujeres de todo el mundo pudieran tener las manos libres, trastocando por completo el concepto de *bolso*.

Ralph Lauren

11

Chanel

Algunos de mis bolsos favoritos contienen referencias a la historia e incorporan reinterpretaciones de motivos clásicos que nunca pasan de moda, como los herrajes de Gucci o la icónica piel con monograma de Louis Vuitton. El bolso favorito de Chanel incorpora un bolsillo secreto para guardar cartas de amor, mientras que en cada Birkin se esconde un diminuto código de fecha. Cuando se descubren estos pequeños detalles, es inevitable enamorarse de los bolsos una y otra vez.

Mi primer bolso de diseño exclusivo fue un Classic Chanel Flap de color rosa bebé. Estuve ahorrando durante años para poderlo comprar en Chanel London, pero el esfuerzo mereció la pena, porque ha sido una fuente inagotable de alegría. Un bolso exquisito no es para una sola temporada, sino que dura toda la vida; veinte años después, ese bolso de Chanel sigue ocupando un lugar privilegiado en mi armario. También me encantan mis bolsos Rockstud de Valentino: usarlos es un verdadero placer pero, además, son el sueño de cualquier ilustradora y figuran en muchos de mis libros y láminas.

Valentino

VALENTINO
GARAVANI

15

Chanel

Aunque me encantan los bolsos
prácticos que uso a diario, los más
atrevidos de mi colección tienen algo
especial. Cada vez que llevo mi singular
bolso de fiesta Coco in Ritz, inspirado
en la *suite* en la que vivía Gabrielle
Chanel, siento que vuelvo al día en el
que lo adquirí en la rue Cambon. He
comprado bolsos para celebrar grandes
logros en la vida, los he recibido como
regalos de maravillosas clientas y se los
he prestado a mi hija para que también
se enamore de ellos. Cada bolso posee
su propia historia y un lugar especial
en mi corazón.

En este libro descubriremos los bolsos clásicos que han permanecido inalterados durante más de un siglo, los bolsos «del momento» que captaron a la perfección el espíritu de su época, y los bolsos que adquirieron un inesperado estatus de culto gracias a las mujeres con las que estarán eternamente relacionados. Tanto quienes sientan debilidad por los bolsos *tote* o los *clutch* como por los bandolera encontrarán, sin duda, alguno que anhelar en estas páginas.

Megan Hess

Dior

Empaquetamos de forma segura los objetos más delicados.

Estamos especializados en baúles y artículos de viaje para *Moda*.

Cartel en el exterior del primer establecimiento de Louis Vuitton. París, 1854.

—

Baúles

de Louis Vuitton

—

1858

El fundador de la empresa de artículos de piel más lujosos del mundo empezó como aprendiz en una fábrica de cajas a mediados del siglo XIX. Consciente de que el equipaje de cuero que se vendía entonces no era lo bastante práctico, Louis Vuitton diseñó los primeros baúles planos del mundo y los recubrió con una lona impermeable, de modo que resultaban perfectos para apilarlos en los andenes y subirlos a los barcos de vapor que cruzaban el océano.

El icónico cuero estampado con monogramas marrones y dorados lo creó en 1896 el hijo de Louis Vuitton, Georges, y pronto se convirtió en el material de equipaje más reconocible de todo el mundo. Generaciones de amantes de bolsos y maletas saben que el estampado LV equivale a un diseño intemporal y a una calidad duradera.

Louis Vuitton

27

Neverfull

de Louis Vuitton

—

2007

Un bolso LV es una inversión en estilo, y poseer uno implica mantener una relación con él. El característico cuero Vachetta, empleado para adornar muchas de las creaciones de LV, absorbe los humectantes naturales de la piel de quien lo lleva y se oscurece con el tiempo, de modo que cada artículo desarrolla una intensa pátina única. La que se forma en las asas de un bolso Neverfull —llamado así («nunca lleno») porque permite llevar todo lo que pueda precisarse durante el día— revela al mundo cuánto se ha utilizado y adorado este bolso.

29

La mujer Louis Vuitton se caracteriza por la *calidad*; una calidad que toda mujer lleva en su interior y que debe salir a la luz, *visibilizarse* y reconocerse.

Marc Jacobs

Pochette Métis

de Louis Vuitton

—

2013

El marrón y el dorado se mantuvieron invariables durante un siglo, hasta que Marc Jacobs asumió la dirección creativa de Louis Vuitton en 1997. Jacobs transformó por completo la tradición y colaboró con diversos artistas para crear versiones muy distintas del emblemático monograma, lo que supuso una nueva legión de entusiastas para la marca. El Pochette Métis fue una de las últimas creaciones del prestigioso diseñador para la firma y se convirtió en uno de los bolsos más populares de la línea LV.

Nunca voy a
ningún sitio
importante sin mi
bolso negro
Hermès favorito.

Grace Kelly

—

Kelly

de Hermès

—

1935

El Kelly, diseñado por primera vez
por Robert Dumas, se vendía con el
nombre de Le Sac à Dépêches.
Se trataba de un bolso muy femenino,
de una sola asa, que fue rebautizado en
honor a la princesa Grace Kelly después
de que se la retratara a menudo
utilizándolo para proteger su embarazo
de las miradas indiscretas de los
paparazzi. Los artesanos del taller de
Hermès deben aprender a confeccionar
el sofisticado Kelly antes que cualquier
otro bolso de la línea, y siempre hay
lista de espera para estos hermosos
accesorios dignos de la realeza.

Hermès

El *savoir faire* necesario para confeccionar un bolso Hermès es legendario. Casi todos los detalles de estas creaciones exquisitamente elaboradas —incluido un tipo de cosido a mano específico— aluden al pasado de la marca como fabricantes de sillas de montar y arneses para los caballos de la nobleza europea.

Los artesanos de los talleres Hermès trabajan como aprendices durante muchos años y, gracias a la escrupulosa atención al detalle y a la extraordinaria pericia de la marca, Hermès puede ofrecer reparaciones de por vida en sus bolsos. Hace seis generaciones que la marca pertenece a la familia Hermès-Dumas.

El *lujo* es aquello
que se puede
reparar.

Robert Dumas
—

Birkin

de Hermès

—

1981

El diseño del Birkin —probablemente el bolso más deseado de todos los tiempos— se debe a una ocasión en la que Jane Birkin, icono de la moda, iba sentada en un avión junto a Jean-Louis Dumas y se quejó de que no encontraba ningún bolso en el que cupiera todo lo que necesitaba llevar. Después de un vuelo de París a Londres, y de un rápido boceto en el reverso de una bolsa de papel, Birkin tenía su bolso ideal: de gran tamaño, con dos asas, una solapa superior con cierre giratorio y cerradura, y unas tachuelas para que pudiera mantenerse erguido. Todo en un Birkin está hecho a mano por un único artesano, que invierte en su confección más de cuarenta y ocho horas.

Antes de que le diseñaran su propio Hermès, Jane Birkin era famosa por ir siempre con una cesta de mimbre. Comprada durante la década de 1960 en un pueblo de pescadores portugués, es casi tan emblemática como el bolso que ahora lleva su nombre.

No es
un *bolso*,
es un
Birkin.

Sexo en Nueva York

———

VALENTINO

52

Cuando se trata de bolsos, el lujo va
acompañado de la innovación
práctica. Así, Louis Vuitton diseñó
la primera cerradura imposible de
forzar para asegurar sus baúles,
y los primeros modelos de cierre
se registraban a nombre de sus
propietarios.

Émile Hermès, nieto del fundador,
Thierry Hermès, fue titular de la
primera patente europea de la
cremallera y en 1922 introdujo esta
nueva tecnología en sus bolsos.

El accesorio en forma de campana
(en francés, *clochette*) que cuelga
de muchos bolsos se diseñó para
guardar las llaves y así impedir que
rayen la piel.

Balenciaga

Motorcycle City

de Balenciaga

—

2001

El bolso más representativo de Balenciaga fue un éxito inesperado. Cuando el director creativo Nicolas Ghesquière diseñó el Motorcycle City Bag en 2001, los ejecutivos de la firma pensaron que no se vendería porque era demasiado blando y desestructurado, pero Ghesquière los convenció para que fabricaran algunos y los mostraran durante un desfile. La modelo Kate Moss se fijó en él y el resto ya es historia: el bolso se convirtió en un accesorio imprescindible durante la mayor parte de la primera década del 2000.

60

Baguette

de Fendi

—

1997

El Baguette de Fendi fue otro bolso imprescindible de principios de los años 2000. Diseñado por Silvia Venturini Fendi, se hizo famoso en la cultura pop cuando, en un episodio de *Sexo en Nueva York*, a Carrie Bradshaw le roban su Baguette de lentejuelas moradas. Existen más de mil repeticiones de este modelo, que debe su nombre al modo en el que, al menos en el imaginario colectivo, los franceses llevan las *baguettes* bajo el brazo tras comprarlas en una panadería.

Sunshine Shopper

de Fendi

—

1997

El Sunshine Shopper es un bolso *tote* con un toque especial. Su forma moderna, el hermoso grabado en relieve y el asa de carey confieren una nueva dimensión al concepto de sencillez. Al igual que toda la moda de Fendi, se trata de una propuesta mucho más compleja de lo que parece a simple vista y que nadie más podría haber hecho.

Un bolso exquisito puede
resultar muy romántico, algo
que incluso los joyeros saben.
El bolso Guirlande de Cartier
se inspira en las características
cajas rojas de la marca;
el resultado es una auténtica
joya convertida en bolso.

Cartier

Diana

de Gucci

—

1991

La escasez de cuero durante la Segunda Guerra Mundial obligó a los diseñadores a experimentar con distintos materiales. Fue durante este período cuando Gucci desarrolló su lona Supreme, con la marca de la doble G, y unas asas de bambú moldeadas por el calor de una llama. En la década de 1990, la princesa Diana llevaba este *tote* con asas de bambú a todas partes, lo que lo convirtió en un icono. En 2021, cuando Lady Di hubiera cumplido sesenta años, el director creativo Alessandro Michele relanzó este bolso en homenaje a la princesa.

Jackie

de Gucci

—

1958

Jackie Onassis, una de las mujeres más elegantes de la historia, siempre llevaba colgado del brazo un pequeño bolso *saddle* de Gucci. Además de muy útil como escudo frente a los *paparazzi*, era un básico de la firma italiana, inicialmente llamado Fifties Constance. Parece que la propia Onassis poseía seis de estos bolsos, por lo que no es de extrañar que el personal de Gucci se refiriera a él como «Jackie» mucho antes de que la casa lo rebautizara en su honor. El Jackie ha sido reinterpretado y reeditado por casi todos los diseñadores de Gucci en las décadas posteriores y es tan ansiado ahora como lo fue entonces.

Durante su juventud, Guccio Gucci trabajó como botones en el lujoso Savoy Hotel de Londres. Por lo visto, el hecho de estar en contacto con el equipaje de los adinerados clientes del hotel le sirvió de inspiración para luego abrir su marroquinería homónima en Florencia.

Su primer establecimiento ofrecía artículos pensados para viajeros acaudalados y para la nobleza que montaba a caballo, tal y como queda patente en los famosos herrajes de Gucci, y en la franja de tela que recuerda a la correa bajo el vientre de un caballo que sujeta la silla de montar.

Dionysus

de Gucci

El bolso Dionysus de Gucci no lleva
el nombre de una mujer famosa
sino el del dios del vino, la diversión
y los excesos en general. Se trata de un
distintivo bolso de hombro repleto de
símbolos. Alessandro Michele diseñó el
cierre en forma de herradura en alusión
al pasado ecuestre de la firma;
mientras que las dos cabezas de tigre
remiten a Dionisio, quien, según la
mitología, cruzó un río a lomos de este
animal. Michele llevó el simbolismo
más allá y lanzó bolsos Dionysus de
edición limitada cubiertos de símbolos
que representaban cada capital de la
moda del mundo, y que solo estaban
disponibles en las ciudades a las que
estaban dedicados.

Si te detienes a
pensarlo —y yo lo
hago muy
a menudo—, un
bolso tiene vida
propia.

Tom Ford

Kate

de Saint Laurent

—

2010

Yves Saint Laurent, fundador de Saint Laurent, fue uno de los primeros diseñadores que alejó los bolsos de sus raíces ecuestres y los acercó a las tendencias de la moda moderna. El estilizado Kate se inspira en la filosofía de YSL de la década de 1960. Con su elegante silueta y una delicada cadena para llevarlo colgado del hombro, no podría distar más de los talleres de cuero y los fabricantes de maletas de antaño.

Basta con llevar un bolso Burberry para que cualquier *look* adquiera un aire británico tradicional. La firma incorporó en sus artículos de viaje su característico estampado de cuadros en la década de 1960.

Burberry

79

Rockstud

de Valentino

—

2011

Cuesta creer que las tachuelas del modelo Rockstud, reconocibles al instante, no irrumpieran en escena hasta la primavera de 2011. Desde entonces, los emblemáticos adornos Rockstud figuran en prácticamente todos los bolsos de Valentino y, al igual que el monograma de Louis Vuitton o la lona Supreme de Gucci, se han convertido en un símbolo de la marca. Vanguardista y sofisticada a un tiempo, la romántica estética *punk* de un bolso Rockstud añade un toque de frescura a cualquier *look*.

Roman Stud

de Valentino

——————

2021

Pierpaolo Piccioli, director creativo de Valentino, reinterpretó el icónico motivo de las tachuelas una década después de que se utilizaran por primera vez, y lo amplió para crear el Roman Stud. Las tachuelas incorporadas en este bolso, más grandes y atrevidas, poseen un aire aún más rebelde, propio de la moda asociada con las motocicletas.

Desde que las mujeres empezaron a utilizarlos, los bolsos han sido un símbolo de reivindicación de independencia. A medida que ellas se incorporaban a la vida laboral, más indispensables les resultaban sus bolsos para moverse por el mundo.

Antigona

de Givenchy

—

2011

El Antigona, el bolso más popular de
Givenchy, ha colgado del brazo de
numerosas *celebrities* durante la mayor
parte de los últimos diez años, por lo
que puede presumir de ser tanto un
bolso del momento como un clásico.
Robusto y a la vez espacioso, este bolso
de piel está provisto de asas y de una
correa para el hombro, por lo que es
muy versátil y práctico, además de
sumamente bello.

Lady Dior

de Dior

—

1995

El Lady Dior, obsequio de Bernadette Chirac, primera dama de Francia, a la princesa Diana en 1995, fue diseñado por Gianfranco Ferré y llamado Chouchou antes de que Lady Di empezara a llevarlo a todos lados. El diseño de *cannage* alude a las sillas de rejilla utilizadas en el primer desfile de Dior en 1947; mientras que los amuletos que cuelgan del asa representan los talismanes que Christian Dior llevaba siempre consigo, y que demuestran que la inspiración puede venir de cualquier parte.

93

Diorama

de Dior

—

2015

Raf Simons también se inspiró en las sillas de Monsieur Dior cuando diseñó el Diorama en 2015. Por su forma —un bolso estructurado con solapa—, cabría pensar que se trata de un Chanel Boy, pero el motivo de rejilla agrandado lo convierte, indiscutiblemente, en parte de la familia Dior.

Dior posee un fabuloso patrimonio en accesorios, como el bolso Saddle y el Lady Dior.

Mi trabajo consiste en renovar este patrimonio con una *actitud* diferente.

Maria Grazia Chiuri

—

Book Tote

de Dior

—

2018

Para el diseño del Book Tote, Maria Grazia Chiuri se inspiró en un boceto del antiguo director creativo, Marc Bohan, que encontró en los archivos de Dior. El modelo, aparentemente sencillo, deja que la lona bordada hable por sí sola: en cada bolso hay más de un millón de puntadas.

El Book Tote es solo uno de los
muchos bolsos de lujo que han
irrumpido en escena en los últimos
años, y diseñadores de todo el
mundo adoptan este modelo cada
vez con más frecuencia por su
estética moderna y desenfadada,
su facilidad de uso y su practicidad.

SAINT LA
PAR

Galleria

de Prada

—

2007

Elaborado con la icónica piel Saffiano de Prada, caracterizada por su particular estampado de rayas entrecruzadas, el Galleria es un bolso práctico y minimalista, paradigma de los bolsos de ensueño. Debe su nombre al primer establecimiento de Prada en la prestigiosa Galleria Vittorio Emanuele II de Milán, abierto por Mario Prada en 1913 y dedicado a la venta de bolsos, baúles y accesorios de viaje para la aristocracia italiana. Este bolso clásico ha sido copiado infinidad de veces y casa a la perfección con una amplia variedad de estilos.

Vela

de Prada

—

1984

Aunque la piel Saffiano de Prada pueda considerarse icónica, la firma italiana utilizó un material mucho más corriente para elaborar uno de sus accesorios más revolucionarios: la mochila Vela. Diseñada por Miuccia Prada, está confeccionada con nailon, material mucho más caro de fabricar que la seda. Es irreverente y divertida, y convenció al mundo enseguida de que el lujo no tiene por qué estar hecho de cuero. El nailon se convirtió en un emblema de la marca Prada, y en 2019 la firma lanzó Re-Nylon, un nuevo tejido sintético fabricado íntegramente con materiales reciclados.

Sac de Jour

de Saint Laurent

—

2013

El Sac de Jour de Saint Laurent
—oda de Hedi Slimane al Birkin de
Hermès— es, en el fondo, un bolso
de uso diario. Sus líneas elegantes,
sus lados en acordeón y sus múltiples
compartimentos le confieren un
atractivo intemporal. Si se elige uno
confeccionado con piel resistente,
es idóneo para el día a día.

Cahier

de Prada

—

2016

El término francés *cahier* significa «cuaderno». Este pequeño bolso bandolera es de tipo estructurado y recuerda a un diario encuadernado en piel, con un cierre de solapa acompañado de una tira y una anilla de metal. Gracias a su sutil elegancia ha adquirido un estatus de culto.

La expresión francesa *vider son sac*, que puede interpretarse como «desahogarse» o «abrir el corazón», literalmente significa «vaciar el bolso».

VERSACE

Versace

115

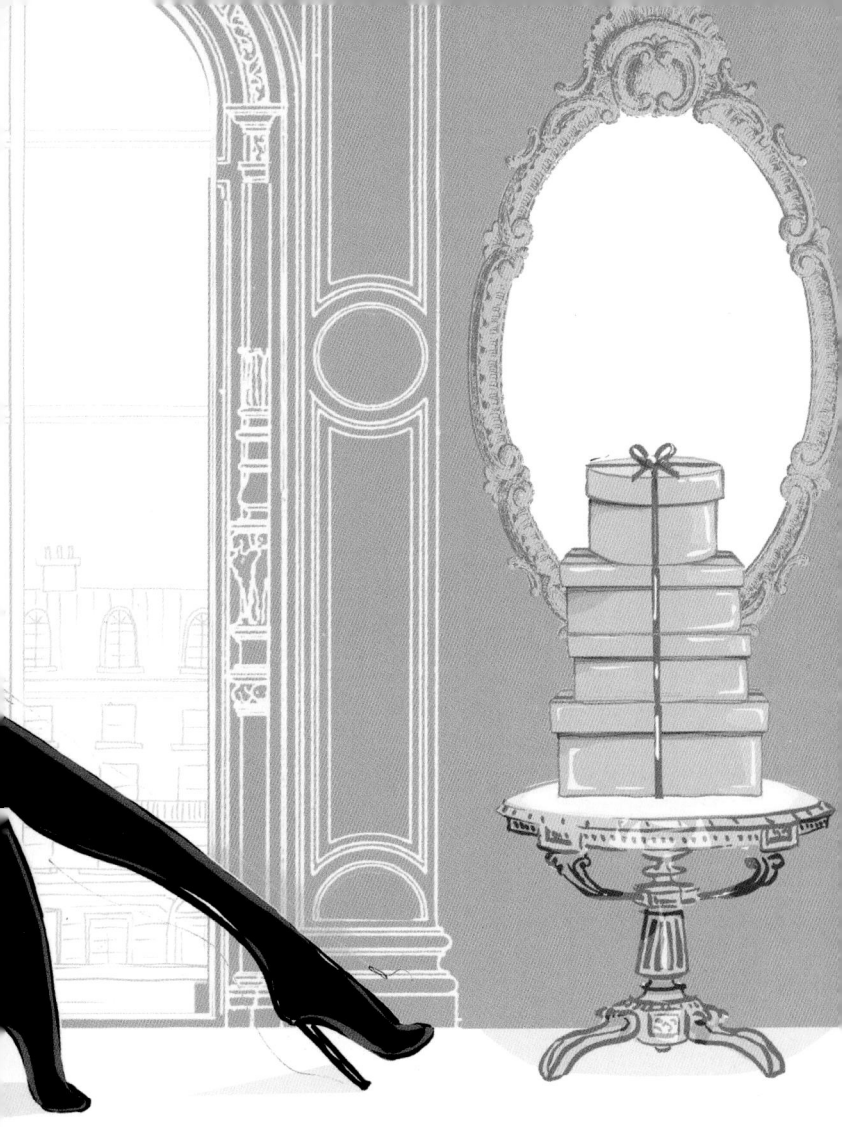

Nile

de Chloé

2017

En el mundo de los bolsos no es frecuente que aparezca un diseño totalmente nuevo, así que cuando Clare Waight Keller lanzó el Chloé Nile, en 2017, despertó grandes dosis de admiración. El bolso está dotado de un asa en forma de pulsera que, cuando no se utiliza, descansa plana sobre la solapa frontal.

Si aún se duda de las ventajas
de poseer un bolso de marca, debe
recordarse que también puede
ser una buena inversión. Algunos
modelos *vintage* suben de precio
cada año, ofreciendo una rentabilidad
más estable que la del mercado de
valores. Esto es especialmente cierto
en el caso de los bolsos con códigos
de serie únicos —como un Classic
Chanel Flap o un Birkin de
Hermès—, que contienen
información sobre quién
los fabricó y cuándo.

Chanel

121

Cassette

de Bottega Veneta

—

2019

Con un bolso Cassette de Bottega Veneta en la mano es fácil comprender por qué su famoso tejido Intrecciato despierta tanta fascinación. Bottega Veneta nunca utiliza logotipos visibles en sus artículos, pero eso no importa lo más mínimo, porque la técnica de la firma es reconocible al instante.

Los bolsos de lujo te hacen la vida más agradable, te hacen *soñar*, te dan seguridad.

Karl Lagerfeld

Coco Chanel, figura sumamente influyente en cuestiones de estilo, no solo revolucionó la moda femenina, sino también el modo en el que las mujeres se movían por el mundo. Al ver lo incómodos y restrictivos que resultaban los bolsos de noche con correas cortas, diseñó uno que incorporaba una solución sencilla pero ingeniosa: una correa de cadena que podía colgarse del hombro con total tranquilidad.

Chanel

Classic Flap

de Chanel

—

1984

Cuando Karl Lagerfeld se incorporó a Chanel, dejó su impronta en el diseño del 2.55 original, sustituyendo el cierre giratorio por el famoso logotipo de la marca —las letras CC entrelazadas— e intercalando cuero en la cadena del bolso para crear el Classic Chanel Flap. Tanto si se prefiere el 2.55 de Coco como la reinterpretación de Lagerfeld, no cabe ninguna duda de que ambos son clásicos intemporales, y que cuentan con un sinfín de detalles de lujo, como la piel acolchada cosida a mano. ¿Mi detalle favorito? En la solapa superior hay un bolsillo minúsculo, del tamaño perfecto para guardar una carta de amor: un guiño a los secretos escarceos amorosos que Coco mantenía cuando diseñó el 2.55.

Grand Shopper Tote

de Chanel

—

2004

Los elementos de diseño originales que se incorporaron al bolso 2.55 en 1955 (de ahí el nombre), como el cuero acolchado y un asa con cadena, figuran en casi todos los bolsos Chanel de temporada hasta la fecha. El Grand Shopper Tote de principios de la década de 2000, con un interior espacioso y desestructurado y un diseño sencillo, difiere por completo del delicado 2.55, pero es innegable que sigue influenciado por las revolucionarias ideas de diseño de las que fue pionera la propia Chanel.

Boy Bag

de Chanel

—

2011

Coco solía vestir ropa de hombre, por
lo que no es de extrañar que Lagerfeld
jugara con pinceladas andróginas
cuando diseñó este bolso, inspirado
en las cartucheras que utilizan los
cazadores. La forma rectangular y la
cadena *gourmette* dan una imagen
relajada que es el complemento
perfecto para los bolsos más femeninos
de cualquier colección. El bolso lleva
el nombre de Boy Capel, el primer
gran amor de Chanel.

La *Moda* no
se refiere
únicamente a
los vestidos.

Coco Chanel

———

Agradecimientos

A Emily Hart y Arwen Summers por crear juntas otro maravilloso libro sobre moda. A Martina Granolic por el entusiasmo y esmero con que estudió todos y cada uno de los bolsos más icónicos jamás creados y dio con los más excepcionales. A Andrea Davison por haber investigado tan a fondo cada detalle oculto. A Murray Batten por crear un diseño tan distinguido y elegante para ¡el undécimo libro en el que colaboramos! A Todd Rechner por su extraordinario esmero y atención durante el proceso de llevar todos mis libros a buen puerto. A Justine Clay, porque fue la primera persona que descubrió mi trabajo y encauzó mi rumbo. A mi marido, Craig, y a mis hijos, Gwyn y Will, por ser mi mayor fuente de inspiración.

Sobre la autora

Megan Hess nació para dibujar. Después de trabajar como diseñadora gráfica y directora artística, en 2008 ilustró el éxito de ventas *Sexo en Nueva York*, de Candace Bushnell. Desde entonces, su carrera como ilustradora de moda la ha llevado a crear para prestigiosos clientes de todo el mundo: retratos para *Vanity Fair*, animaciones para Prada en Milán, los escaparates de Bergdorf Goodman en Nueva York e ilustraciones en directo para desfiles de moda, como Christian Dior Couture.

Ha escrito e ilustrado varios libros de moda, entre ellos *Little black dress. El vestido negro que cambió la moda* (Lunwerg, 2024) y *Zapatos. La auténtica elegancia* (Lunwerg, 2024).

Más información sobre la autora en: **meganhess.com**

Título original: *The Bag*

© del texto y las ilustraciones, Megan Hess PTY LTD, 2023
Edición original de Hardie Grant Books, Melbourne/Londres, 2023

© del diseño, Hardie Grant Publishing, 2023

© de la traducción, Gemma Salvà, 2025

© Editorial Planeta, S. A., 2025
Lunwerg es un sello editorial de Editorial Planeta, S. A.
Avenida Diagonal, 662-664 - 08034 Barcelona
Calle Juan Ignacio Luca de Tena, 17 - 28027 Madrid
lunwerg@lunwerg.com
www.lunwerg.com
www.instagram.com/lunwerg
www.facebook.com/lunwerg
www.twitter.com/Lunwerglibros

Primera edición: enero de 2025
Depósito legal: B. 5.276-2024
ISBN: 978-84-19875-69-3
Printed in China - Impreso en China